PAPERCUTTING ARTBOOK

PAPERCUTTING ARTBOOK
종이조각

| 만든 사람들 |
기획 실용기획부 | **진행** 한윤지 | **집필** 최숙경 | **편집 · 표지 디자인** studio Y

| 책 내용 문의 |
도서 내용에 대해 궁금한 사항이 있으시면,
아이생각 홈페이지의 게시판을 통해서 해결하실 수 있습니다.
아이생각 홈페이지 : www.ithinkbook.co.kr
아이생각 페이스북 : www.facebook.com/ithinkbook
디지털북스 카페 : cafe.naver.com/digitalbooks1999
디지털북스 이메일 : digital@digitalbooks.co.kr
저자 블로그 : www.perryarea.com
저자 인스타그램 : @paper.area

| 각종 문의 |
영업관련 hi@digitalbooks.co.kr
기획관련 digital@digitalbooks.co.kr
전화번호 02 447-3157~8

※ 잘못된 책은 구입하신 서점에서 교환해 드립니다.
※ 이 책의 일부 혹은 전체 내용에 대한 무단 복사, 복제, 전재는 저작권법에 저촉됩니다.
※ 의 취미 · 실용분야 브랜드입니다.

종이조각

PAPERCUTTING ARTBOOK

CONTENTS

Chapter. 1 ── 페이퍼커팅 입문

커팅을 위한 준비물 • 11page
종이가 가진 힘, 커팅 종이 선택법 • 12page
도구 다루기와 커팅의 순서 • 13page
작품의 완성도를 높이는 커팅 노하우 • 13page
일상 속 페이퍼커팅 작품 활용 • 18page

Chapter. 2 ── 주제별 커팅 도안

GIFT DECORATION • 31page   BUNTING • 35page   BUNTING • 39page   FLOWERS • 43page

CANDLE HOLDER • 47page   CORSAGE • 51page   LAMPSHADE • 55page   WEDDING ANNIVERSARY • 59page

FRAME • 63page   CHRISTMAS WREATH • 67page   TASSEL, CHAIR • 71page   LEAVES • 75page

BULBS • 79page   STUCKYI • 83page   DREAMCATCHER • 87page   YOU ARE LOVED • 91page

 COFFEE • 95page
 ARCTIC • 99page
 PINEAPPLE • 103page
 BUNCH OF FLOWERS • 107page

 BALLOON • 111page
 DOG • 115page
 HONEY BEE • 119page
 CAT • 123page

 A MAN • 127page
 TYPEWRITER • 131pag
 A GIRL • 135page
 LIVING ROOM • 139page

 LADY IN MIRROR • 143page
 FLAMINGO BOAT • 147page
 NEW YORK • 151page
 AMSTERDAM • 155page

 PARIS • 159page
 LONDON • 163page

Chapter. 3 ─── 나만의 도안 제작하기

도안 제작 시 알아두어야 할 것 • 170page

스케치를 통한 도안 제작 • 174page

일러스트레이터 툴을 이용한 도안 제작 • 176page

여러 개의 오브젝트를 연결한 도안 제작 • 179page

저자의 말

'페이퍼커팅'이란 단어가 생소해 '그것이 무엇이냐'고 되물어오는 일이 잦았던 때가 언제였는지
기억이 나지 않을 만큼, 종이공예도 이제는 마냥 낯설지는 않은 시대가 왔습니다.

많은 사람들은 페이퍼커팅을 바다 건너에서 넘어온 종이공예라고 생각하지만 실상은 우리 전통공예에도
깊이 스며든 예술입니다. 우리나라 고유의 종이 수공예인 전통 한지공예의 작업공정에 빠지지 않는 것이
한지로 문양을 오리는 것이지요. 저도 한지공예가인 어머님의 영향을 받아 전통 문양을 오리는 것으로
종이공예의 첫 발걸음을 떼었습니다. 전통적 이미지를 넘어 모던한 디자인의 도안을 구상하고
커팅 하는 것에 재미를 붙여 시작한 경험이 이 책을 발간하는 영광에까지 도달했습니다.

평소 종이를 소중하게 다루시나요?
어딘가에는 종이를 수집하는 마니아도 있겠지만 우리 일상에서 '종이'는 너무나 쉽게 구할 수 있는
'소모품'에 불과합니다. 우리의 손에서 쉽게 사용되고, 버려지고, 찢겨지기도 하구요.
너무 일상과 밀접해서 보잘 것 없고 하찮은 것 같은 종이가 더 이상 하찮지 않고 아름답고 경이로운
예술작품으로 다시 태어나는 것을 경험한다면 매료되지 않을 사람이 누가 있을까요?
더군다나 그것이 나 자신의 손끝에서 탄생했다면 더할 나위 없는 큰 희열을 느끼게 될 겁니다.

페이퍼커팅은 꾸준히만 하면 훈련으로 누구나 전문 작가가 될 수 있는,
접하기 쉬운 취미 예술 활동입니다. 칼과 종이만 있으면 무궁무진한 작품을 창작할 수 있어
최소한의 비용으로 즐길 수 있는 훌륭한 취미 예술의 하나이기도 하죠.
사람마다 가진 감각의 정도가 다르기 때문에 누군가는 처음부터 능숙하고,
누군가는 매우 서툴 수도 있습니다. 하지만 실망하지 마세요. 페이퍼커팅은 거창한 기술이
필요하지 않고, 칼과 종이가 손에 익을수록 자연스럽게 노하우가 스며들게 됩니다.
꾸준히 차분하게 연습한다면 어느 샌가 당신도 페이퍼커팅 작가라 불릴 수 있게 될지도 모릅니다.

마지막으로 이 책을 출간하게 된 저의 가장 솔직한 진심은, 여러분에게 페이퍼커팅이 시간이
흐를수록 흥미가 떨어지는 한 때의 취미 활동이 아닌, 오랜 시간이 흘러도 늘 새로운 창조의
경이로움을 느낄 수 있는 취미예술이 되었으면 하는 것입니다.

그 바람을 담아 이 책이 이제부터 탄생할 페이퍼커팅 아티스트의 손끝을 위한
좋은 지침서가 되기를 바랍니다.

최숙경

Chapter. 1

페이퍼커팅 입문

커팅을 위한 준비물

❶ 종이
작품의 이미지나 용도에 따라 컬러와 두께를 정합니다.
액자 보관을 할 용도라면 크게 두께에 구애받지 않겠지만 모빌 같은 장식을 위한 작품이라면 도톰한 두께의 종이가 작품 유지에 탁월합니다. 커팅 실력이 능숙하지 않은 초보자라면 얇은 종이부터 연습해 나가세요.

❷ 아트나이프
아트나이프라는 명칭의 공예용 칼로 펜 모양으로 되어 있어 그립감이 좋습니다. 꼭 아트나이프가 아니더라도 일반 커터 칼의 심을 30도 각인 예리한 심으로 교체하여 사용해도 됩니다.
일부 페이퍼커팅 작가들은 섬세한 작업을 위해 수술용 메스를 사용하기도 합니다. 여러 종류의 도구를 사용해보고 자신에게 잘 맞는 도구를 선택하는 것도 한 방법입니다.
무엇보다 페이퍼커팅은 꽤 긴 시간을 한 자세로 작업해야하기 때문에 그립이 편한 도구가 유용하겠죠?

❸ 커팅매트
테이블 보호만을 위한 것이라기에는 커팅매트는 페이퍼커팅 결과물에 꽤 큰 영향을 미치는 중요한 도구입니다.
시중에서 쉽게 구입할 수 있는 커팅매트에는 고무매트와 PVC매트가 있는데, 두 가지에는 장단점이 있습니다.
고무매트는 변형이 잘 일어나지 않는 대신 커팅 작업 시 매트의 표면 부분이 잘 손상되고, 심이 잘 박혀 부러지거나 칼날 끝이 더 빨리 다는 등의 단점이 있습니다.
PVC매트는 유연하지 않고 딱딱한 플라스틱 재질로 열에 약합니다. 때문에 오래 사용하다보면 휘는 등의 변형이 일어나기 쉽습니다.
저자의 경험 상 커팅 용도에 맞춰 나온 매트보다는 책상을 보호하는 용도로 판매하는 투명한 PVC매트가 커팅에 적합하다고 생각합니다. 기성 PVC 커팅매트보다 유연해서 변형이 잘 일어나지 않고 칼날 마모에도 영향을 덜 줍니다.

❹ 스테이플러
도안과 커팅용 종이를 고정시킬 때 사용합니다. 기본적으로 도안의 가장자리를 고정하는데요, 커팅 면적이 넓은 도안의 경우 작업을 진행할수록 종이의 고정력이 떨어지므로 도안의 중심부 안쪽의 빈 공간(커팅해서 버릴 부분)에 한 번 더 고정해 주는 것이 좋습니다.

❺ 마스킹 테이프
스테이플러를 사용하기 애매한 경우 마스킹 테이프로 대체하여 고정합니다. 쉽게 떼었다 붙일 수 있어 용이합니다.

❻ 풀
커팅의 색을 표현하기 위해 다른 색지를 오려 덧대는 '배접' 작업 시에 사용합니다.

종이가 가진 힘, 커팅 종이 선택법

일상에서 메모나 낙서를 하거나, 서류 작성에나 쓰던 종이가 예술작품으로 승화되는 기적이 당신 앞에 놓였습니다. 세상에는 무수히 다양한 색과 두께, 재질의 종이가 존재하고 이 종이 중 여러분이 어떤 종이를 선택하느냐에 따라 페이퍼커팅 작품의 퀄리티와 완성도가 결정됩니다.
사실 어떤 종이라도 나쁠 것은 없지만 종이 마다마다의 특성을 고려하여 선택한다면 작은 취미 하나가 우리의 손끝에서 탄생하는 예술작품이 될 수도 있습니다.

종이의 두께 단위

종이가 '두껍다', '얇다', '도톰하다' 등의 표현만으로는 그 두께를 가늠하기가 어렵습니다. 손으로 직접 만져보며 가늠하는 데에는 한계가 있죠.
종이의 두께를 나타내는 단위가 있다는 것을 아시나요? 두꺼운 박스 종이가 아닌 이상 자로 잴 수도 없는 얇은 종이들은 그램 미터제곱(g/m^2) 단위로 치수를 표기합니다.
생소할 수 있는 이 단위는 사실 일상에서 자주 볼 수 있는데요. 우리가 자주 사용하는 A4용지의 포장지에 있는 80g, 120g 등의 표기가 바로 그램 미터제곱입니다. 손의 감각으로는 차이를 알기 힘들지만 이 미세한 두께의 차이가 프린터 출력이나, 종이공예에 큰 영향을 미칩니다.

용도에 따른 종이 두께 선택법

이 책에 실린 커팅 도안들은 완성작을 액자에만 보관하도록 유도하지 않고, 작품에서 더 나아가 실생활에 다양하게 활용할 수 있는 지침을 드립니다. 따라서 종이의 두께를 선택하는 일은 중요합니다.
가랜드를 만들 경우 같은 도안으로 여러 개를 작업해야 하는데 이 수고로움을 덜기 위해서 $80g/m^2$ 이하의 얇은 종이를 여러 장 겹쳐 고정하여 커팅할 수 있습니다.
모빌과 같은 별도의 소품 없이 페이퍼커팅 작품 그대로를 사용하지만 손이 자주 탄다거나 바람 또는 주변 환경의 영향을 받는 경우, 너무 얇은 종이를 사용하면 쉽게 찢어질 수 있습니다. 이때는 $180g/m^2$ 이상의 빳빳한, 힘 있는 종이를 사용하기를 추천합니다.
같은 두께의 종이라 하더라도 종이(도안)의 크기(size)에 따라 얇은 두께가 될 수도 있고, 두꺼운 두께가 될 수도 있기 때문에 이를 잘 감안하여 종이를 선택해야 합니다.

종이 재질에 따른 선택법

페이퍼커팅을 할 때 쓰이는 종이의 종류를 딱 집어 제안하기에는 세상에 너무나 다양한 종이들이 존재합니다. 우리가 대형 문구점에서 쉽게 구매할 수 있는 아트지, 머메이드지도 좋고, 종이 공장에 직접 방문해서 독특하고 개성 있는 종이를 많이 접해보시는 것도 좋은 경험이 됩니다.

여러 가지 예시를 들어 종이 선택법을 제안했지만 위의 방법들이 정답이라고 할 수 없습니다. 여러분이 작품에서 나타내고 싶은 느낌을 살리기 위한 종이가 무엇인지 잘 고려하여 자유로운 선택을 하시기 바랍니다.

도구 다루기와 커팅의 순서

아트나이프 그립법

최대한 칼심의 위치와 가깝게 아트나이프의 상단 부분을 연필을 쥐듯이 감싸 쥡니다.

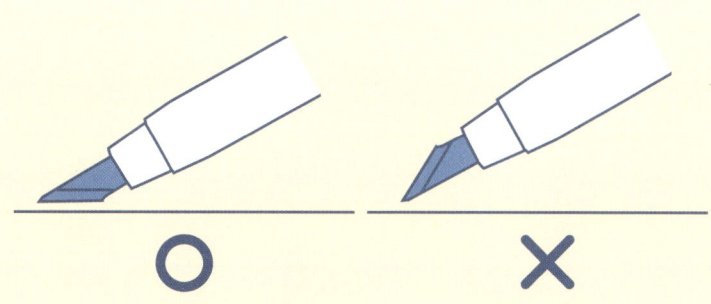

칼날의 사선이 종이와 수평이 되도록 합니다.

페이퍼커팅의 순서

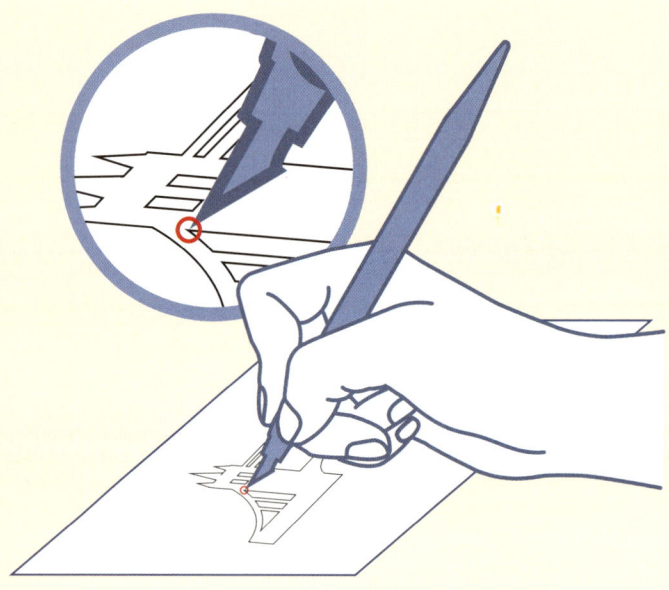

 한 손으로 도안을 고정하고 절단면 선의 모서리에 칼날의 끝을 콕 찍듯이 힘을 가한 뒤 선을 따라 커팅합니다. 각 절단면 모서리의 교차점을 잘 커팅해주어야 깔끔하고 완성도 있는 작품을 만들 수 있습니다.

커팅 순서
1 안쪽 절단면이 작은 부분
2 안쪽 절단면이 넓은 부분
3 바깥쪽

 도안의 중심부를 기준으로 가능한 안쪽에서 바깥쪽 순, 절단면이 작은 부분부터 넓은 부분 순으로 커팅을 진행하는 것이 좋습니다. 이는 종이가 받는 힘을 고려하는 방법으로, 작업 시 종이의 찢김을 방지하기 위함입니다.

03 안쪽 절단면을 다 오려냈다면 도안의 가장자리 부분을 커팅하고 불필요한 부분은 떼어냅니다.

04 완성작을 다양하게 활용해보세요.

칼날 교체

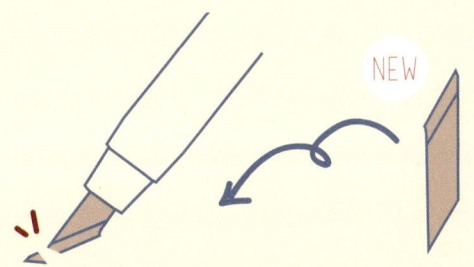

커팅 시 종이의 절단면이 점선처럼 밀리거나 여러 번 커팅을 해야 잘리는 경우 칼심의 끝이 부러졌거나, 마모가 심해 예리함이 둔해진 것이므로 새로운 칼날을 교체해서 커팅하세요.

작품의 완성도를 높이는 커팅 노하우

우리의 신체구조상 **상-하 방향**의 커팅이 가장 안정적인 자세입니다. 위에서 아래로 선을 따라 천천히 커팅합니다.
페이퍼커팅 초보자들이 가장 까다로워하는 부분이 곡선이나 원형 커팅입니다. 생각처럼 깔끔하게 원의 곡선이
구현되기보다 어딘가 삐뚤고 각이 진 커팅이 됩니다. 이럴 때는 한 번에 선을 길게 이어서 커팅하려 하기보다는 선의
굴곡이 심한 지점에서 **상하 방향**으로 커팅 할 수 있도록 **도안의 방향을 돌려서 진행**하세요.
도안을 고정한 채로 무리하게 손목을 꺾어 커팅을 하게 되면 칼심이 쉽게 부러집니다.

직선 커팅

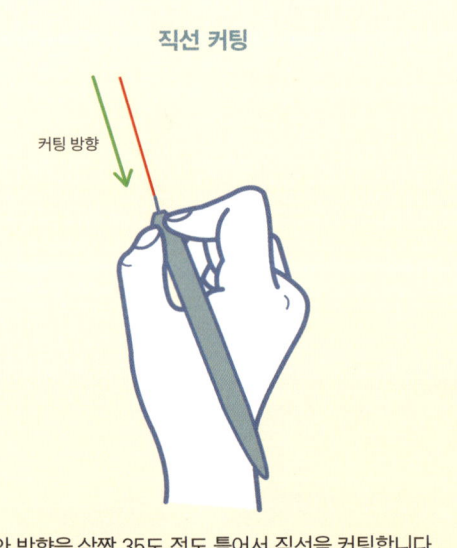

도안 방향을 살짝 35도 정도 틀어서 직선을 커팅합니다.

원형 커팅

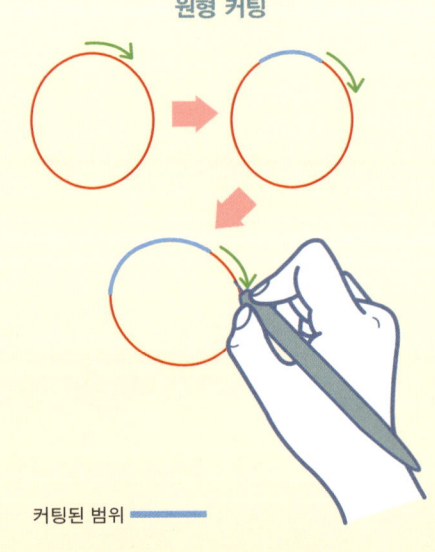

커팅된 범위

도안 방향 전환

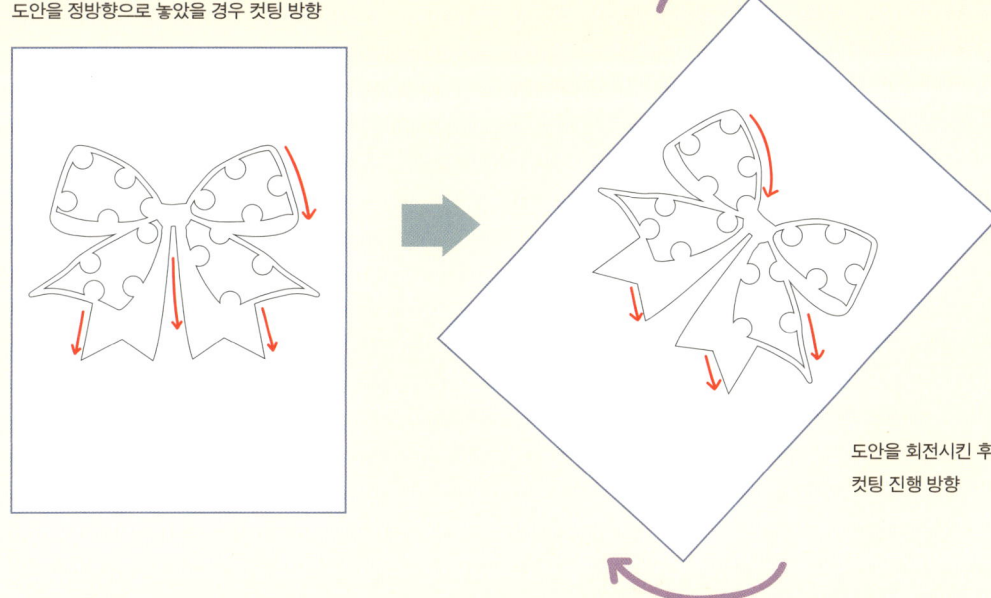

도안을 정방향으로 놓았을 경우 컷팅 방향

도안을 회전시킨 후 컷팅 진행 방향

지름이 작은 원형 커팅

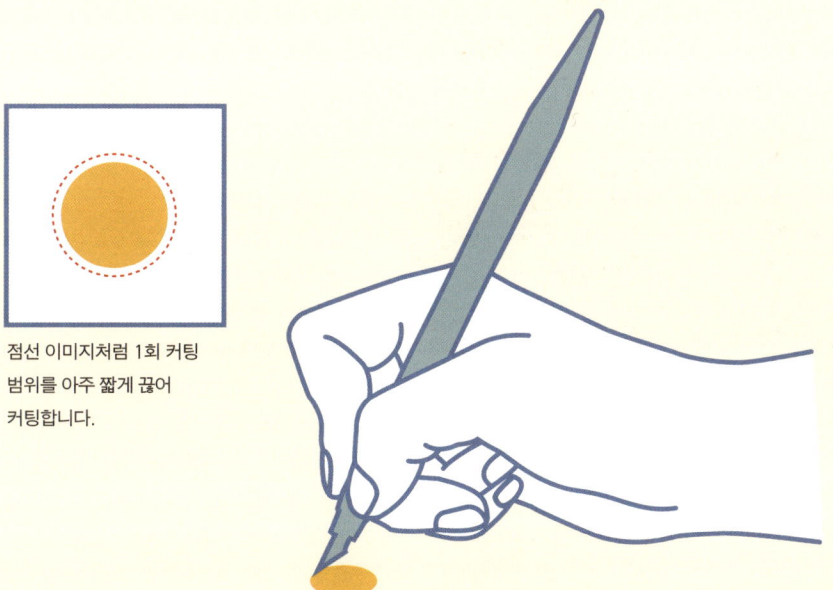

점선 이미지처럼 1회 커팅 범위를 아주 짧게 끊어 커팅합니다.

지름이 1cm 미만의 작은 원형의 경우 칼끝을 이용해 **바늘로 콕콕 찍듯이 커팅**을 하면 부드러운 곡선을 구현해낼 수 있습니다. 커팅을 하다보면 도안의 방향을 바꾸는 과정이 번거롭게 느껴질 수 있지만, 결과물의 완성도가 달라짐을 잊지 마세요!

일상 속 페이퍼커팅 작품 활용

페이퍼커팅 작품을 완성한 성취감 뒤에 결과물이 단지 관상용으로만 남는다면 어느 순간 흥미가 떨어져 오래 즐기기 위한 취미생활로서는 한계에 부딪히게 될 것입니다. 예쁜 작품이 잘 쓰여지도록 활용 방법에 신경 쓴다면 페이퍼커팅의 성취도와 만족도는 배가될 겁니다.

선물 포장 데코
작은 사이즈의 커팅 도안들은 밋밋한 선물 포장에 포인트가 되어 줍니다. 그동안 선물 포장이 어렵다고 느끼셨던 분들에게도 페이퍼커팅 조각 데코 하나면 센스 있는 사람이 될 수 있어요!

파티, 웨딩 소품
생일파티, 백일잔치, 결혼기념일 등 잠시 일상을 벗어나 환상적인 파티를 계획하고 있다면, 직접 커팅한 가랜드나 케이크 번팅 같은 페이퍼커팅 소품으로 꾸며보세요.

시트지 커팅

'종이에만 커팅하라는 법은 없다!'

욕실의 타일 데코나, 어딘가 감추고 싶은 부분이 생겼을 때, 마음에 드는 기성 데코 스티커가 없을 때, 시트지에 커팅을 하면 자신의 감각대로 자유롭게 부착할 수 있는 유니크한 스티커를 만들 수 있습니다.

Chapter. 2

주제별 커팅 도안

이제 글로 배운 페이퍼커팅을 실전에 옮겨보세요.

직접 커팅칼을 쥐고 경험해보면 글로 이해되지 않던 부분들도 자연스럽게 습득이 될 거예요.
도안은 반전 형태로 되어 있습니다. 칼선을 따라 오린 후에는 반대면을 활용하면 깔끔한 작품으로
탄생됩니다. 각 도안마다 간단한 팁도 제안되어 있으니 참고하세요!

TIP
밋밋한 선물 포장에
포인트로 하나를 붙이거나
다른 두 개의 커팅을
레이어드 해서 꾸며보세요.

GIFT DECORATION

TIP
폰트가 들어간 도안은
글자의 가장 안 쪽부터 커팅 하세요.
뒷면에 막대를 부착해
기념일 케이크 번팅으로
연출해보세요.

BUNTING

BUNTING

TIP
좀 더 두께감 있는 종이나
다른 컬러의 종이를 사용하고
싶은 경우, 도안 페이지와
선택한 종이를 겹쳐
(스테이플러로 고정) 커팅하세요.

BUNTING

FLOWERS

TIP
섬세한 표현을 요하는
커팅면이 좁은 부분이 어렵다면,
선보다 살짝 안쪽으로
커팅하세요.

FLOWERS

CANDLE HOLDER

TIP

캔들을 감싸는 홀더로 연출하면
빛과 그림자가 어우러져 감성적인
무드가 연출됩니다.
종이의 특성상 화재의 위험이
있으니 LED 캔들 소품을
이용하는 것이 좋습니다.

CANDLE HOLDER

CORSAGE

> **TIP**
> 부모님께 색다른 카네이션을 달아드리세요.
> 셀프웨딩 촬영 시에 유용하게 사용할 수 있는 페이퍼 부토니에!

CORSAGE

TIP

커팅 후 동그랗게 말아
양 끝 부분을 붙이면
램프의 갓 모양이 됩니다.
캔들이나 LED 조명을 넣은
와인잔에 걸쳐보세요.
환상적인 인테리어 소품이
탄생합니다.

LAMPSHADE

WEDDING ANNIVERSARY →

TIP
리본의 빈 공간에 기념일이나
이름을 적어 소중한 결혼기념일을
멋지게 장식하세요.

WEDDING ANNIVERSARY

FRAME

TIP
작은 면적부터 커팅한 후 가장
나중에 넓은 면적을 커팅하세요.
사진 위에 레이어드 해서
액자에 꽂거나 리스처럼
걸어두어도 예뻐요.

FRAME

CHRISTMAS WREATH

TIP

귀여운 페이퍼리스를
유리창에 붙여도 예쁘고
모빌처럼 걸어도 예뻐요.
동그란 열매 부분에 빨간색 종이를
덧대어 붙여주면 포인트가
되면서 크리스마스 분위기가
훨씬 더해질 거예요.

CHRISTMAS WREATH

TASSEL, CHAIR

TIP
길고 얇은 직선은 더욱
세심한 작업을 요합니다.
칼이 빗겨나가지 않도록
천천히 커팅하세요.

TASSEL, CHAIR

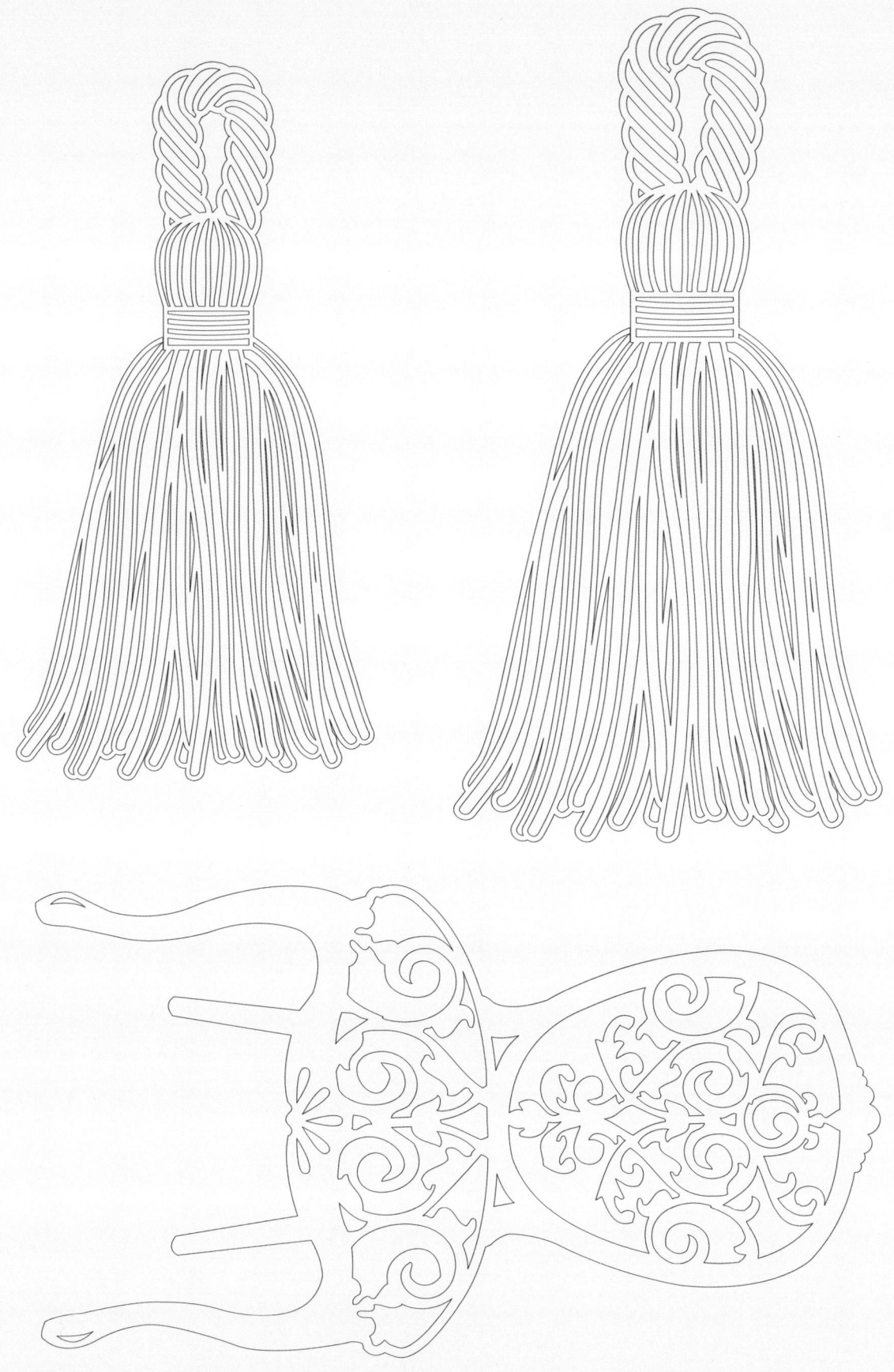

LEAVES

TIP
실에 매달면 모빌,
코팅하면 책갈피, 액자에
끼우면 아기자기한
소품이 돼요!

LEAVES

BULBS

TIP
페이퍼 전구 모빌
하나만으로도 방의 분위기를
변신시킬 수 있어요.

BULBS

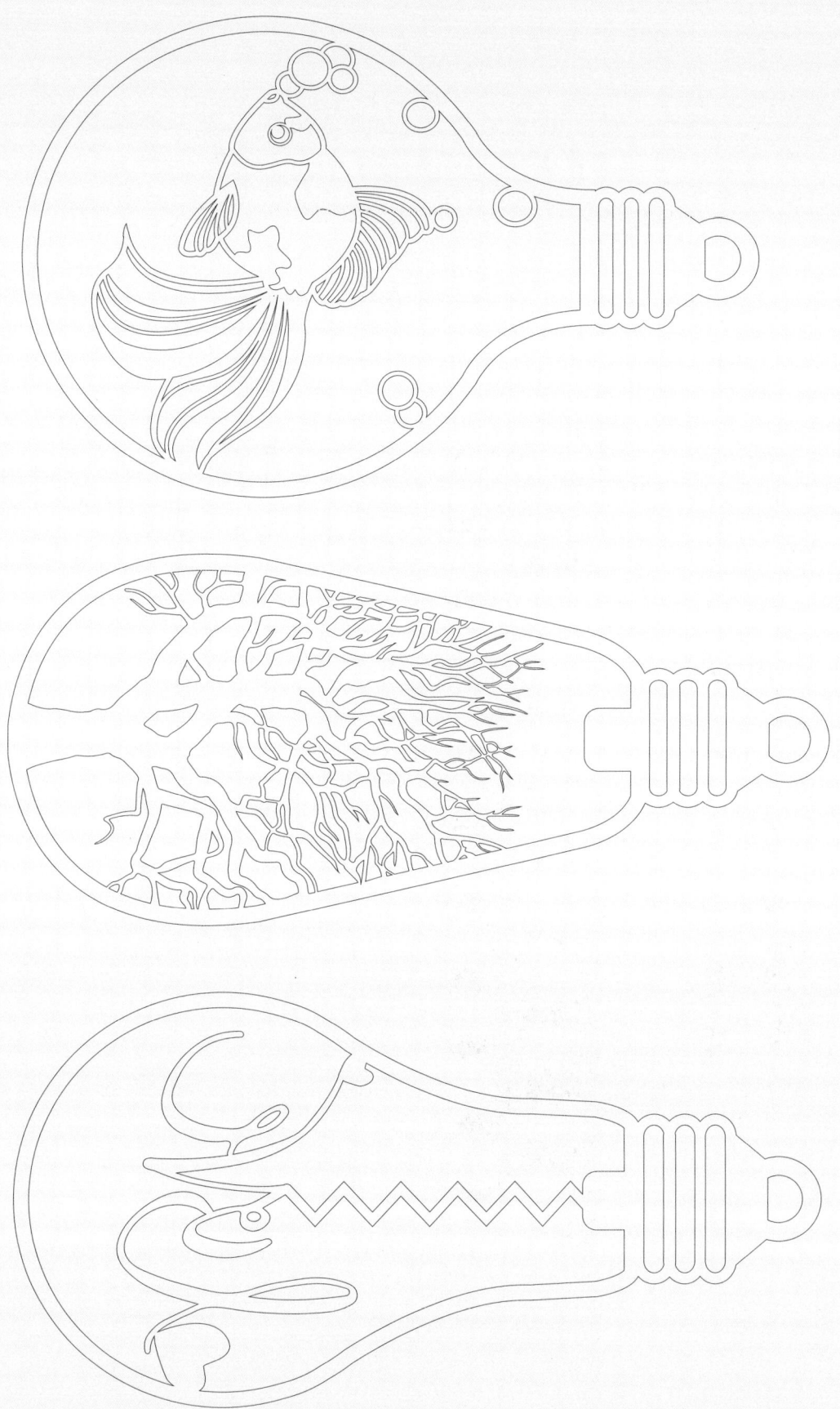

STUCKYI

83

TIP
트렌디한 테라리움 모빌도
종이로 구현해보세요.
스투키 부분을 초록색 종이로
덧대어 표현하면 생명력이
주어집니다.

STUCKYI

TIP
여러분의 악몽을 물리쳐줄
페이퍼 드림캐쳐.
깃털의 가운데 선을 커팅하지 않고
선을 따라 살짝 접어주면
입체감을 더해 줍니다.

DREAM CATCHER

YOU ARE LOVED

TIP
폰트 도안과 리스 도안이
분리된 형태입니다. 각각 커팅 후
끈으로 연결하세요.

YOU ARE LOVED ———————————————▶

TIP

도안 뒷면 곳곳에
우드락 조각을 잘라 붙이고
유리가 없는 액자에 부착해보세요.
입체감이 도드라져
멋스러운 일러스트 액자가 탄생!

COFFEE

ARCTIC

TIP
심플하고 귀여운 일러스트 커팅은
액자에 끼워 아이들 방의 인테리어
데코로 활용하기 좋아요.

ARCTIC

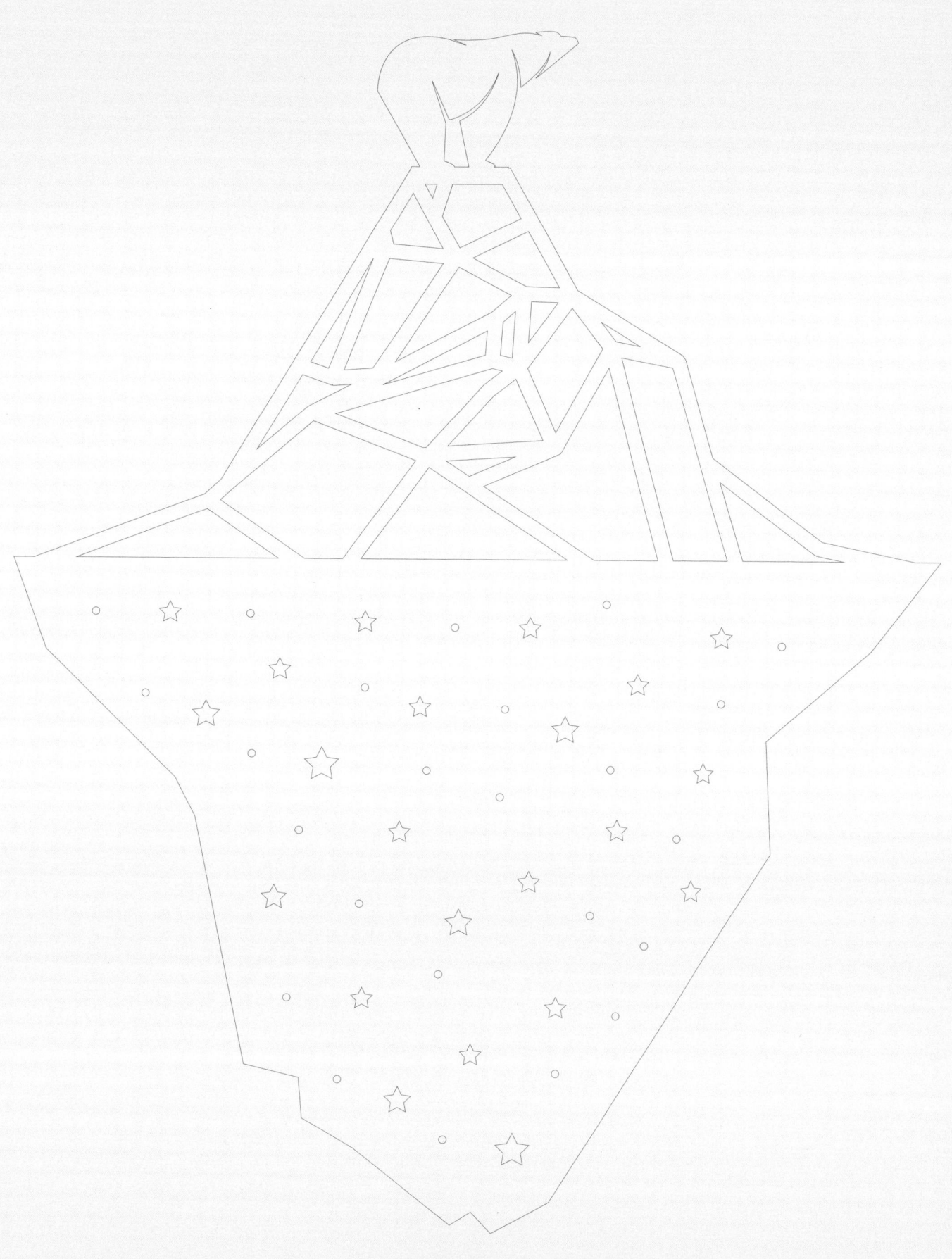

101

TIP
하와이안 느낌이 나는
밝은 컬러의 종이를 선택하세요!

PINEAPPLE

TIP
선이 끊어지지
않도록 천천히 주의해서
커팅하세요.

BUNCH OF FLOWERS

BALLOON

TIP
열기구의 헤드 부분에
미니 풍선을 여러 가지 색으로
커팅해 꽂아 연출하세요.
풍선을 든 사람의 팔을 끼워
열기구에 태워주세요!

BALLOON

DOG

TIP
잘라낸 뼈다귀 조각도
버리지 말고 데코에
활용하세요.

DOG

HONEY BEE

TIP
커팅 작품을 빛에 비추어
그림자를 연출하여
사진촬영을 하면 또 다른
입체감을 느낄 수 있습니다.

HONEY BEE

CAT

TIP
곡선이 많은 디자인이므로
도안 방향을 자주 전환하면서
커팅하세요.

CAT

A MAN

TIP
선글라스의 야자수 부분에
포인트로 배색을 해주면 세련된
일러스트가 연출됩니다!

TYPEWRITER ———————————▷

TIP
불필요하다고 생각되는
커팅선은 과감하게 생략해도
좋습니다.

TYPEWRITER

A GIRL

TIP

커팅 작업 시간이
오래 지나면 집중도가 떨어져
섬세한 커팅이 어려우니
중간 중간 스트레칭과 함께
충분한 휴식을 취해주세요.

A GIRL

LIVING ROOM

TIP
긴 직선은 칼날을
지면과 가깝게 낮춰 커팅하면
훨씬 안정감 있어요.

LIVING ROOM

LADY IN MIRROR

TIP
외곽선에 굴곡이 많은 도안은
전체 커팅 후 도안을 떼어낼 때
사방의 여백 부분을 분할해서
잘라낸 뒤 조심스럽게 떼어내세요.

LADY IN MIRROR

FLAMINGO BOAT

TIP
물결선에 부분부분
선택적으로 배접을 해 보세요.

FLAMINGO BOAT

TIP

도안과 어울리는
다양한 연출을 시도해보세요.
조명을 활용하면 페이퍼커팅의
매력이 두 배가 됩니다.

NEW YORK

AMSTERDAM

TIP
나라와 도시에서 연상되는 컬러로 종이를 선택하면, 상징성이 도드라져 보이는 효과가 있어요.
ex) Amsterdam - orange

AMSTERDAM

PARIS

TIP
아름다운 파리의 야경을 떠올리며
폭죽에 알록달록한 느낌을 연출!

PARIS

LONDON

TIP
세계 도시 여행의 추억을
페이퍼커팅 작품으로 남겨보기!

LONDON

PAPERCUTTING ARTBOOK

Chapter. 3

나만의 도안 제작하기

PAPERCUTTING ARTBOOK

도안 제작 시 알아두어야 할 것

커팅 실력이 향상되어 어느 정도 자신감이 붙는 시기가 되면 자연스럽게 '나만의 도안'을 제작하고 싶다는 욕구가 차오르게 될 겁니다. 지금부터 소개하는 페이퍼커팅 도안 제작 팁들을 잘 숙지하고 따르면 나만의 도안을 창작해내는 데 무리가 없을 것입니다.

페이퍼커팅의 특징적 제약

페이퍼커팅의 도안은 일반적인 그림의 표현과 다르게 몇 가지 '제약'이 따릅니다.

- 커팅 도중에 수정 작업이 어려움
- 실수로 빗나간 커팅은 작품 완성도에 영향을 미침
- 선의 연결
- 명암에 의한 디테일 표현의 한계

이 같은 이유로 도안에 오류가 발생하면 결과물에 큰 영향을 미치게 됩니다. 당연히 탄탄한 기초공사가 중요한 사안이 되죠. 도안의 전체적인 이미지를 구상(스케치)한 후 세부적인 디테일 작업에 들어갑니다.

 도안 이미지 구상

도안A

도안B

도안 A와 도안 B는 리본모양의 도안이지만 차이점이 있습니다.
도안 A는 종이로부터 그림을 커팅 해 리본 모양 자체가 완성작이 되는 방법의 시안이고, 도안 B는 종이외각은 그대로 남고 리본 모양을 파내는 형태의 시안입니다. 도안 B 같은 경우, 스텐실 공예에 자주 사용하는 도안 형태인데요. 같은 리본 그림이지만 도안의 세부적인 표현 방식(연결성)이나 완성작의 느낌이 확연히 다름을 알 수 있습니다.
자신이 만들고자 하는 페이퍼커팅의 완성된 모습이 어떤 이미지인지를 먼저 구상하세요.

실루엣 형태의 기초 도안으로 시작하기

페이퍼커팅의 도안은 수채화나 유화, 일러스트처럼 색채로 표현되는 그림이 아니라 빛에 의한 실루엣, 그림자(명암)라고 생각하시면 이해가 쉽습니다.
벽에 드리워진 나무 잎사귀의 그림자, 아스팔트 위에 펼쳐진 사람들의 그림자, 역광으로 그려진 빌딩숲들이 하나의 도안이 될 수 있죠. 손으로 도안을 그리는 일이 어렵다고 느껴지는 초보자들은 역광 사진을 이용해 테두리를 따라 커팅을 시작해보는 것도 좋은 방법입니다.

 디테일 표현 추가하기

실루엣 형태의 도안에서 심화시켜 세부적인 디테일들을 추가하는 연습을 시작하세요.
고양이의 눈과 수염, 옷의 주름, 나뭇잎의 잎맥, 머릿결 표현 같은 디테일을 추가적으로 도안에 넣으면 결과물이 좀 더 사실적이고 종이에 생명력을 불어넣은 듯한 느낌이 들어요.

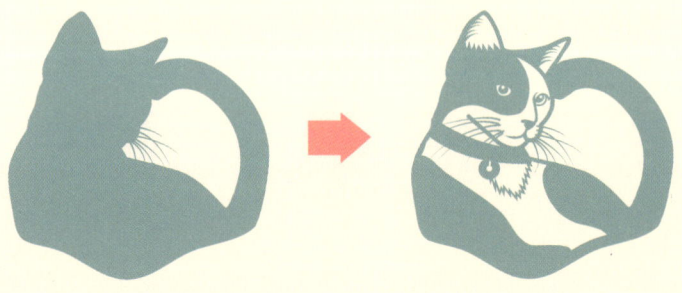

도안의 연결성

앞에서 예시로 들었던 리본 도안으로 페이퍼커팅의 연결 부위에 대해 설명하겠습니다.
리본의 도트 위치, 리본 외곽선의 연결에 차이가 보이시나요? 종이의 남겨질 부분(완성작)과 커팅될 부분(버릴 부분)에 따라서 도안의 디테일 표현이 달라지는 것을 알 수 있습니다.
도안 A에서 도트의 위치를 도안 B처럼 그린다면 도안 A의 결과물은 리본과 도트가 따로 분리되어 버리죠. 이것은 페이퍼커팅 작품성의 특징을 고려하지 못한 것이 됩니다.

도안A

도안B

남겨질 부분 (완성작)
커팅될 부분 (버릴 부분)

페이퍼커팅 도안 제작에 가장 중요한 포인트! 페이퍼커팅은 별도의 접착 공정 없이 오로지 한 장의 종이에서 칼 한 자루와 수번의 커팅으로 탄생하는 예술입니다. 커팅 시 **디테일 표현에 중요한 부분이 종이에서 탈락되지 않도록 이미지 요소마다 연결이 잘 이루어졌는지를 까다롭게 검토**하세요!
예를 들어, 메인이 되는 그림과 배경이 되는 부분의 연결, 얼굴 표현 시 이목구비의 연결, 타이포의 연결 등이 도안 작업 시 유의해야 할 부분입니다.
앞서 소개한 팁들을 잘 이해하는 것으로 페이퍼커팅 도안 제작의 80%정도는 설명이 끝난 것과 다름없습니다.
이제 그 그림을 구체적으로 도안화하는 것은 여러분이 가진 재능이나 기술을 활용하는 일인데요. 도안 제작은 커팅 작업만큼이나 많은 시간을 할애하게 되는 과정입니다.
천부적인 드로잉 실력을 가지고 있다면 좀 더 쉽게 도안 제작에 접근할 수 있을 테고, 그렇지 않더라도 연습 과정을 거치다보면 자신만의 개성을 살린 창의적인 도안을 충분히 창작해 낼 수 있습니다. 또, 개인에 따라 단순히 스케치 과정만을 거친 도안으로 커팅을 할 수도 있고, 그보다 더 정돈된 도안을 제작하고 싶다면 포토샵이나 일러스트레이터 프로그램 툴을 사용할 수도 있습니다.
이 책에서는 드로잉이나 프로그램 툴 기술을 심도 있게 다루기 어려우므로 기본적인 툴 지식을 가지고 있다는 가정 하에 설명하도록 하겠습니다.

스케치를 통한 도안 제작과 커팅

제작 과정이 간편한 대신 커팅선이 분명히 구분되지 않기 때문에 커팅 시 종이가 잘려나가는 부분과
남아야 하는 부분의 혼동이 오는 단점이 있습니다.

01 구상한 도안의 밑그림을 그립니다.

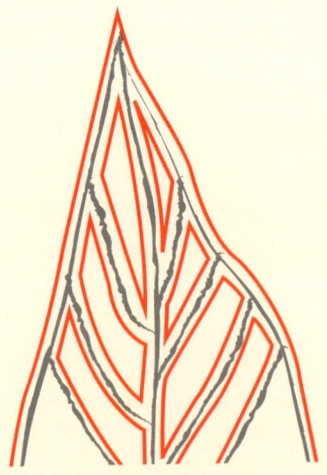

02 위의 그림처럼 연필선을 중심으로 빨간선과 같이 선의 안에 1~2mm 여유를 두고 커팅 합니다.

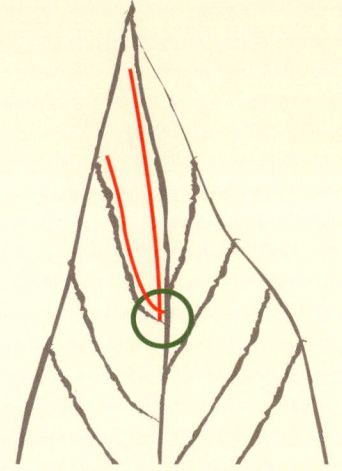

03 이때 도안의 선과 선이 만나는 지점까지 커팅 되지 않도록 주의하세요.

04 완성작

일러스트레이터 툴을 이용한 도안 제작

기본적으로 프로그램을 다룰 줄 알아야하지만 기초적인 툴 기능만 익힌다면 손으로 그리는 것보다 훨씬 간편하게 도안을 만들 수 있습니다. 예쁜 폰트를 사용한 문구를 삽입하거나 도형들을 쉽게 그려 넣을 수 있고, 깔끔하게 커팅 선을 나타낼 수 있어서 커팅 할 때도 편리합니다.

선으로 이루어진 나뭇잎 도안을 예로 들어보겠습니다. 📖**77page**

01 일러스트레이터(Illustrator)를 열고 밑그림이나 도안에 들어갈 이미지 파일을 불러옵니다.
[File]-[Open]

02 펜 툴 로 이미지의 선을 따라 그립니다. 이 같은 대칭적인 도안은 중심선을 기준으로 한 쪽만 그린 뒤, 복사(`Ctrl`+`C`)하여 붙여넣기(`Ctrl`+`V`) 하고 이미지를 반전(선택영역 드래그 - 마우스 오른쪽 버튼 - Transform - Reflect)시킵니다.

알맞은 선의 두께 [Stroke]를 조정합니다.

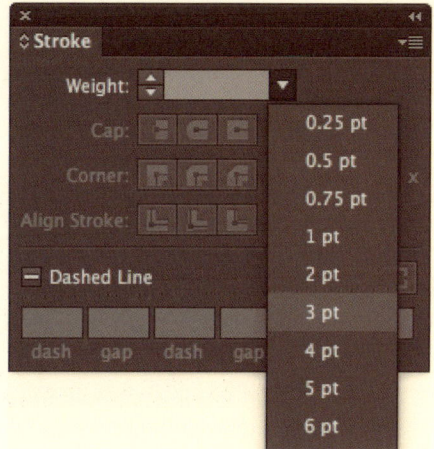

04 나뭇잎을 그린 선 전체를 선택(드래그)하여 면으로 전환시킵니다.

- 펜 툴로 그린 경우 [Object] – [Path] – [Outline Stroke]
- 브러쉬 툴로 그린 경우 [Object] – [Expand Appearance]

면으로 전환 된 그림을 [Pathfinder] 팔레트에서 [Unite]를 클릭해 하나의 오브젝트로 합칩니다.

 Swap 버튼 으로 면을 테두리선으로 적용하면 도안 완성.

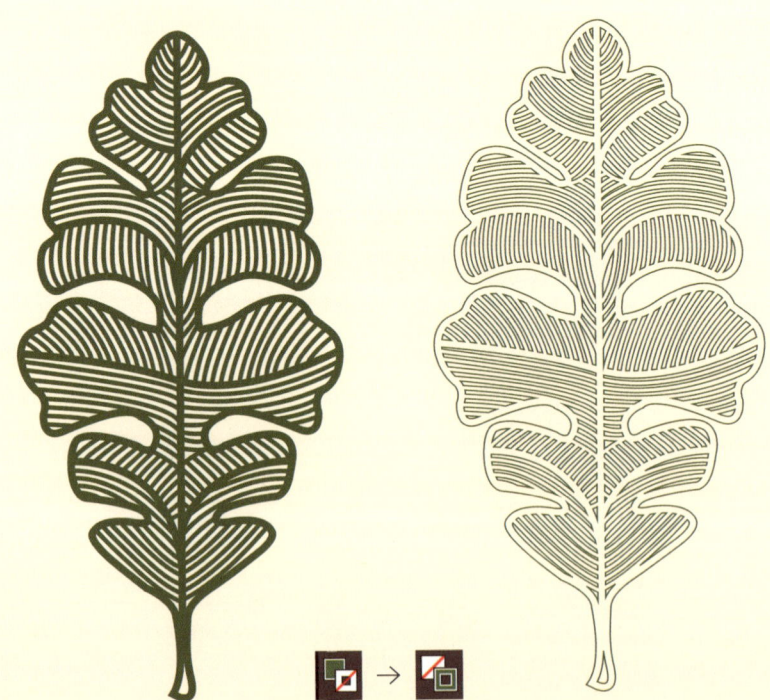

한 가지 오브젝트로 이루어진 도안에서 여러 개의 오브젝트로 늘리면서 다양하고 풍부한 표현의 페이퍼커팅 도안을 만들어보세요. (도안 완성 p.73)

여러 개의 오브젝트를 연결한 도안 제작

도안 제작의 심화과정으로 커팅의 난이도가 조금 더 높은 형태의 도안 예제를 들어보겠습니다. 한 종류의 오브젝트를 복사해서 붙여 넣거나, 여러 종류의 오브젝트를 이어 붙이는 방식으로 이 예제를 따라하다 보면 페이퍼커팅 도안의 전체적인 특징의 이해가 쉬워질 거예요.

예제 완성본

위 도안은 장미(오브젝트1), 잎사귀(오브젝트2), 작은 꽃(오브젝트3), 열매(오브젝트4) 이렇게 총 4가지의 오브젝트로 구성된 하트 쉐입(shape)의 도안입니다. 일러스트레이터 프로그램을 이용해 함께 그려볼까요?

오브젝트 1   오브젝트 2   오브젝트 3   오브젝트 4

따라해보기

 먼저 라인 형태의 장미(오브젝트1)과 잎사귀(오브젝트2)를 펜툴  을 이용해 그립니다

01-1 컬러[Color] 팔레트를 다음과 같이 선두께[Stroke]는 4pt로 설정하고 장미의 수술 부분부터 그려나갑니다. 곡선을 그릴 때는 펜툴로 시작점을 클릭하고 다음 지점에서 클릭한 상태로 드래그를 하면 핸들을 조절할 수 있습니다. 꽃을 그리기 어렵다면 적당한 장미 사진을 불러와서 잎의 외곽선을 따라 그리세요.

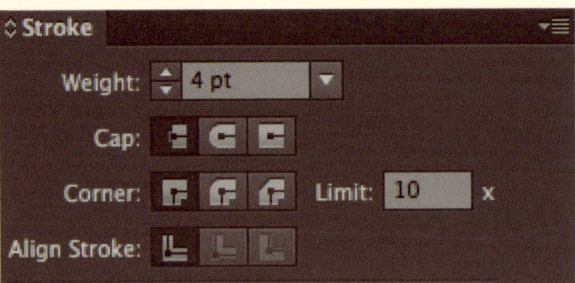 

01-2 장미 잎의 윤곽이 완성되면 각 잎에 디테일을 주기 위해 선 두께[Stroke]를 2pt로 설정하고 그림과 같이 선을 그려 넣어줍니다. (생략해도 상관없는 과정입니다.)

개체 이동이 쉽도록 각 오브젝트 전체를 드래그 해서 그룹(GROUP)설정 합니다.
(단축키 Ctrl + G)

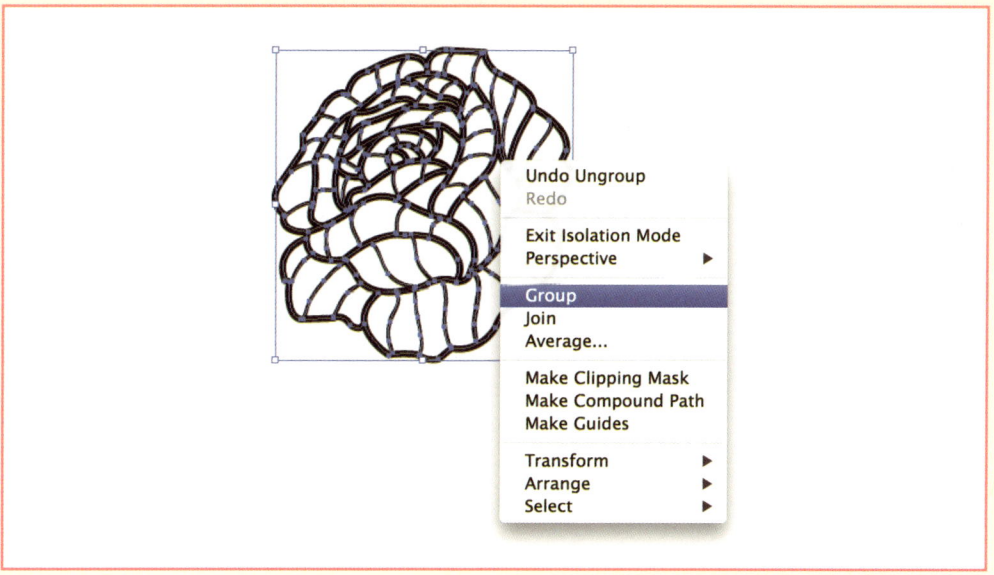

 위와 같은 방법으로 잎(오브젝트2)도 그려주세요.

03 면 형태의 열매(오브젝트3)와 작은 꽃(오브젝트4)를 도형 툴과 펜툴 을 이용해 그립니다.

03-1 원형 툴 을 클릭, 컨트롤([Ctrl]) 키를 누른 상태에서 드래그 해 정 원형을 그려줍니다. 이때 컬러[Color] 팔레트의 테두리는 [색없음] 상태로 설정하세요.

03-2 방금 그린 원형을 선택 툴 로 클릭하고 복사 ([Ctrl]+[C]), 붙여넣기 ([Ctrl]+[V]) 해서 4개를 더 그립니다.
각 원형을 그림과 같이 면이 살짝 겹치도록 꽃잎 모양으로 이동시킵니다.
마지막으로 흰 원형을 그려서 가운데에 얹어줍니다. 전체 드래그 후 하나의 개체로 묶어줍니다. ([Ctrl]+[G])

같은 방법으로 열매(오브젝트4)를 그려주세요.

 완성 도안의 전체적인 틀이 되는 하트 모양의 가이드라인을 그려줍니다.

장미(오브젝트1)을 하트 가이드라인 안쪽에 배치합니다. 오브젝트를 2개 더 복사 (Ctrl+C), 붙여넣기 (Ctrl+V) 한 후 자유롭게 크기를 조정하고, 방향을 전환시켜 적당한 위치에 배치합니다.

 위와 같은 방법으로 잎사귀(오브젝트2)를 나머지 여백을 채우듯이 배치합니다. 이때 **장미와 잎사귀가 떨어지는 부분이 없이 연결되도록 배치합니다.** 각각의 오브젝트들이 조화롭도록 배치에 각별히 신경써주세요.

장미와 잎사귀 사이의 여백이 너무 넓거나, 도안의 표현이 애매한 부분에 작은 꽃(오브젝트3)을 배치합니다. **'면' 형태의 작은 꽃 오브젝트는 다소 종이의 힘이 약할 수 있는 '선' 형태의 장미와 잎사귀 오브젝트에 각 개체 연결 부위에 힘을 실어주는 요소가 됩니다.**

 마지막으로 열매(오브젝트4)를 이용해 하트 가이드라인에 채워지지 않은 여백을 적당히 메꾸어 마무리합니다.

09 하트 가이드라인을 선택 후 삭제(delete) 해주면 도안 완성! 191page

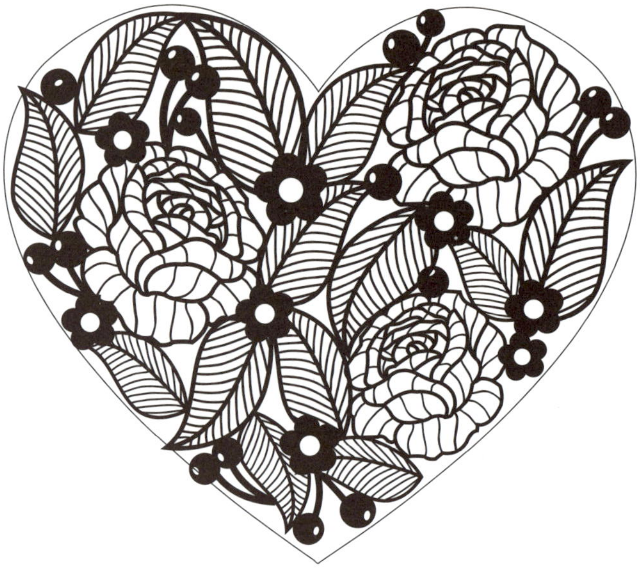

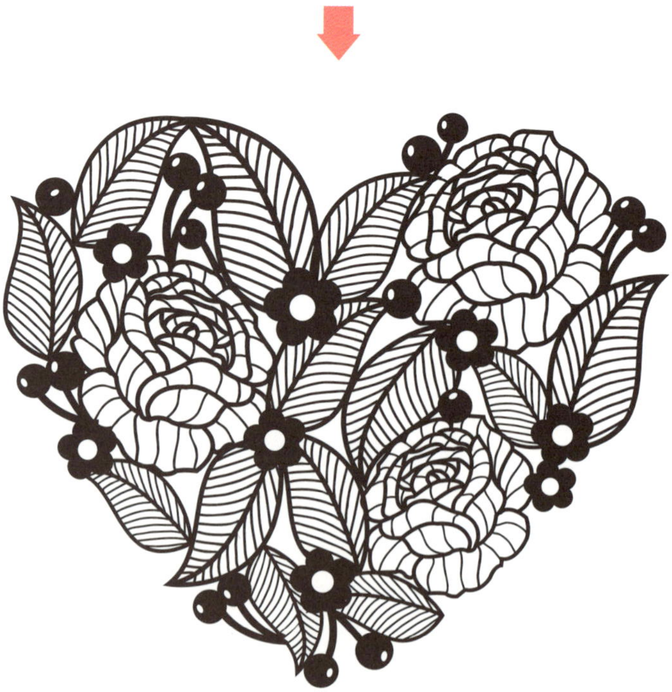

`한 발 더 나아가기` `\` `배접`

밋밋한 커팅에 컬러 포인트 주기

한 가지 색의 종이로 커팅 한 결과물 자체만으로도 아름답지만, 포인트를 가미해주면 색다른 느낌이 연출되기도 합니다. 도안에 포인트를 주고 싶은 부분에 다른 컬러의 종이를 덧대어 붙여주는 방법을 '배접'이라고 합니다. 앞서 제작한 완성 도안을 커팅 후 '배접' 기법을 적용해보도록 하겠습니다. 장미에 색을 입혀보기로 하죠. 배접 방법은 아주 간단해요.

 커팅 완성작에 배접에 사용할 색지를 선택합니다.

색지 위에 배접을 할 커팅 부분을 올려두고 모티브의 가장자리를 연필로 그려 넣거나, 도안 복사본을 준비해 모티브 부분만 대강 오려내어 색지와 고정시킨 다음, 외곽선을 따라 칼로 오려냅니다.

커팅의 뒷면, 해당 모티브 부분에 풀칠을 하고 오려 둔 색지를 잘 맞추어 붙여줍니다. 외곽선 밖으로 삐져나온 색지 부분은 커팅 칼로 다듬어 마무리 하세요.

 완성

어떤가요? '배접' 기법을 적용한 커팅과 그렇지 않은 커팅의 느낌이 참 다르죠?! 장미가 아닌 잎사귀에 컬러 포인트를 주면 또 다른 느낌이 연출 될 거예요. 여러 가지 방법을 시도해 보면서 여러분만의 매력적인 페이퍼커팅 작품을 완성시켜 보세요.

HEART ROSE

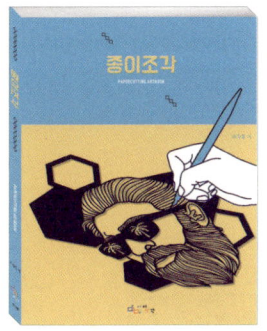

저자 협의
인지 생략

PAPERCUTTING ARTBOOK
종이조각

1판 1쇄 인쇄 2017년 5월 05일
1판 1쇄 발행 2017년 5월 10일

지 은 이 최숙경
발 행 인 이미옥
발 행 처 아이생각
정　　가 18,000원
등 록 일 2003년 3월 10일
등록번호 220-90-18139
주　　소 (04987) 서울 광진구 능동로 32길 159
전화번호 (02) 447-3157~8
팩스번호 (02) 447-3159

ISBN　978-89-97466-38-2 (13630)
I-17-05
Copyright ⓒ 2017 ithinkbook Publishing Co,. Ltd

www.ithinkbook.co.kr